Katja Driemel wurde am 05.05.1966 in Hagen in NRW geboren.

Schon in frühester Kindheit nahm sie die Präsenz der Engel wahr. Diese Fähigkeiten der Wahrnehmung hat sie im Laufe der Zeit in eine bewusste Kommunikation mit diesen himmlischen Wesen umwandeln können. Auf ihrem Weg mit der geistigen Welt und besonders „mit den Engeln in Kommunikation zu treten", hat sie die unterschiedlichsten Seminare und Workshops besucht. Seit zirka 10 Jahren arbeitet sie mit den mystischen Lenormand-Karten. Sie spürte immer, dass da noch mehr war, bis an dem Tag als die Engel in ihr Leben traten. Von da an fühlte sie sich angekommen. Ihre Suche hatte ein Ende. Heute weiß sie, den Weg den sie gegangen war, war sehr hart und es waren bestimmt keine einfachen Jahre, aber genau das hat ihr diesen Weg gezeigt.

www.engelskarten4life.de/

Jutta Schütz wurde in Lebach (Saarland) geboren.

Mit ihrem ersten Bestseller „Plötzlich Diabetes" gilt die Autorin bei Kritikern als Querdenkerin. 2010 startete sie mit ihren Gesundheitsbüchern ihr Pilotprojekt in Bruchsal und später bei der VHS in Wolfsburg. Als Journalistin schreibt Schütz für Gesundheit, Kunst, Literatur, Musik, Film, Bühne, Entertainment und Medien, sowie für verschiedene Zeitungen interessante Presseartikel. Sie hat über 30 Bücher veröffentlicht.

www.jutta-schuetz-autorin.de

Orientalische Rezepte
Kulinarische Köstlichkeiten
aus 1001 Nacht

Text: © 2014 Jutta Schütz

Hören wir das Wort „Orient", verbinden wir es stark mit arabischen Ländern, orientalischem Essen und Tanz. Die orientalische Küche hat auch bei uns viele Anhänger gefunden. Das ist kein Wunder, schließlich sorgen die unterschiedlichen Gewürze und Geschmacksrichtungen für ordentliche Abwechslung auf dem Speiseplan.

❖ Wissenswertes über den Orient:
Der Orient zieht sich fast um den halben Globus und umfasst den Nordafrikanischen Raum, den Nahen Osten und den Mittleren Osten. Die drei Weltreligionen, Christen- und Judentum und der Islam haben ihre Ursprünge im Orient.

❖ Zu den orientalischen Ländern zählen:
Afghanistan, Algerien, Ägypten, Bahrain, Iran, Irak, Israel, Jemen, Jordanien, Katar, Kuwait, Libanon, Libyen, Marokko, Mauretanien, Oman, Pakistan, Palästina, Saudi-Arabien, Somalia, Syrien, Sudan, Tunesien, Türkei, Vereinigte Arabische Emirate.

❖ Mit ihren Gerüchen von:
Safran, Cayennepfeffer, Zimt, Kurkuma und Koriander ist die orientalische Küche ein wahres Feuerwerk für unsere Sinne. Es werden Mandeln, Feigen, Datteln, Pistazien und Hülsenfrüchte angebaut. Bohnen, Linsen, und Kichererbsen dienen als Grundnahrungsmittel. Die orientalische Küche ist einfach märchenhaft.

Feurige Gewürze, der Duft von orientalischen Gewürzen sowie geschmortes Fleisch und Gemüse zaubern einen Hauch von „1001 Nacht".

Die Erzählungen von 1001 Nacht sind weit mehr als nur Märchen für Kinder

Text: © 2014 Jutta Schütz

Die Geschichte von „Scheherazade" basiert auf einer alten persischen Märchensammlung mit dem Namen „Hezâr Afsâna, Tausend Mythen".

Das Märchen von 1001 Nacht ist eine Rahmengeschichte, in die Einzelerzählungen verwoben sind. Die Hauptfiguren sind die Geschichtenerzählerin Scheherazade, und der grausame König Schariyar.

Schariyar, der von seiner Frau mit einem schwarzen Sklaven betrogen wurde, fasst den Entschluss, sich nie wieder von einer Frau betrügen zu lassen. Aus diesem Grunde, heiratet er jede Nacht eine Jungfrau seines Reiches, die er am nächsten Tag töten lässt.
Auch Scheherazade ist vom König zum Tode verurteilt worden.
Sie beginnt in der Nacht dem König eine Geschichte zu erzählen, deren Handlung im Morgengrauen abbricht.
Neugierig auf das Ende geworden, lässt der König sie am Leben und verschiebt die Hinrichtung.
Scheherazade wird dabei von ihrer Schwester Dinharazade unterstützt, die sich neue Geschichten ausdenkt.

Dieses Spiel wiederholt sich 1001 Nächte lang, bis der König ein Einsehen hat. In dieser Zeit gebärt Scheherazade dem König drei Kinder.
Am Ende ist der König von der Klugheit und Treue seiner Frau überzeugt und lässt sie am Leben.

© 2014 Autor: Katja Driemel & Jutta Schütz
(1. Auflage)
www.engelskarten4life.de/
www.jutta-schuetz-autorin.de/

© 2014 Herstellung und Verlag: BoD – Books on Demand, Norderstedt

© 2014 Buch-Idee, Umschlaggestaltung, Illustration, Satz:
Jutta Schütz
Webseite: www.jutta-schuetz-autorin.de/
E-Mail: info.jschuetz@googlemail.com

ISBN: 9783738603699

Bibliografische Information der Deutschen Nationalbibliothek:
Die Deutsche Nationalbibliothek verzeichnet diese Publikation in der Deutschen Nationalbibliografie; detaillierte bibliografische Daten sind im Internet über http://dnb.d-nb.de abrufbar.

Katja Driemel & Jutta Schütz

Scheherazades Hackfleisch Rezepte

Ein Hauch von 1001 Nacht

Inhaltsverzeichnis

Alle Rezepte sind für 2 Personen

Fatimas Hackbraten

Zutaten:

- 500 g Rinderhackfleisch
- 2 Zwiebeln
- 2 Knoblauchzehen
- 1 Möhre
- 3 EL Pinienkerne
- 250 g gemahlene Mandeln
- 2 Eier
- 2 EL gehackte, frische Minze
- 2 EL Sahne
- 1 TL Currypulver
- 1 TL Paprikapulver
- ½ TL Zimt
- 1 TL Salz
- ½ TL Pfeffer
- 2 EL Olivenöl

Zubereitung:

Pinienkerne ohne Fett in einer Pfanne ein paar Minuten anrösten, bis sie duften und sich hellbraun färben.

Das Hackfleisch, Pinienkerne, Minze, Sahne und die gemahlenen Mandeln in eine große Schüssel geben.

Küchenfertige Möhre und Zwiebeln klein würfeln, Knoblauch pressen und zu der Hackfleischmasse geben.

Die Eier und die Gewürze zum Hackfleisch geben und zu einem Hackbraten formen.

Anschließend in eine gefettete Auflaufform geben und im Backofen bei 180 Grad zirka 60 – 70 Minuten garen.

Aladdins Hackfleischbällchen

Zutaten:

- 500 g Lammhackfleisch
- 1 Brötchen (hart)
- 1 Ei
- 3 – 4 EL gehackte Mandeln
- 4 EL getrocknete Feigen
- 1 kleine Zwiebel würfeln
- 2 EL gehobelte Petersilie
- 2 Zehen gehackter Knoblauch
- 1 EL scharfer Senf
- 3 EL Olivenöl
- ½ TL Pfeffer
- 1 TL Salz
- 2 – 3 Prisen Zimt
- 1 – 2 Prisen Muskat
- ½ TL Kreuzkümmel
- ½ TL Koriander

Zubereitung:

Brötchen in Wasser einweichen und auspressen.

Petersilie fein hacken, Zwiebel schälen und fein würfeln. Feigen klein schneiden und den Knoblauch schälen und pressen.

Fleisch und alle Zutaten (nicht das Öl) miteinander in einer Schüssel mischen und zu einem Fleischteig verarbeiten.

Mit den Gewürzen abschmecken und aus dem Fleischteig Hackfleischbällchen formen.

Pfanne heiß werden lassen, Olivenöl dazu geben und bei mittlerer Hitze die Fleischbällchen braten.

Kürbis mit Lamm

Zutaten:

- 300 g Lamm-Hackfleisch
- 1 mittelgroßer Hokkaido-Kürbis
- 1 Zwiebel, würfeln
- 2 Knoblauchzehen, klein würfeln
- 1 kleine Zucchini
- 1 Ei
- ½ TL Ingwer, gerieben
- 2 EL Cashewnüsse, geröstet
- 2 EL Petersilie, getrocknet
- 1 TL Salz
- ½ TL Pfeffer
- ½ TL Kreuzkümmel
- 1 TL Currypulver, 1 TL Paprikapulver
- ½ TL Koriander, ½ TL Chilipulver
- 2 Prisen Zimt
- 2 Prisen Muskatnuss
- 3 EL Olivenöl
- 250 ml Sahne
- 250 ml Gemüsebrühe

Zubereitung:

Den Kürbis vom Deckel, den Kernen und dem Fruchtfleisch befreien, so dass zirka ein 2 cm dicker Rand verbleibt. Den Kürbis innen salzen.

Zwiebel und das Kürbisfleisch in kleine Würfel schneiden, die Zucchini in feine Stifte. Den Kürbis und den Deckel in eine feuerfeste, flache Auflaufform legen und bei 175 Grad zirka 25 Minuten backen.

In der Zwischenzeit die Zwiebel in einer Pfanne mit Olivenöl anbraten, das Hackfleisch hinzugeben und alles zirka 25 Minuten anbraten.

Das Kürbisfleisch dazu geben und mit all den Gewürzen mischen, zum Schluss den Knoblauch kurz mit anbraten und noch mal zirka 10 Minuten braten.

Die Pfanne vom Herd nehmen und die Cashewnüsse, die Zucchini und die klein geschnittene Petersilie untermischen.

Das Ei mit Sahne und Brühe verquirlen und die Soße mit Muskat, Salz und Pfeffer würzen.

Den Kürbis mit der Hackfleischmasse füllen, die verquirlte Soße darüber gießen und den Kürbis weitere 15 Minuten im Backofen backen.

Den Kürbis(den man essen kann) im Ganzen mit Deckel servieren.

Hackfleisch mit Couscous

Zutaten für das Hackfleisch:

- 400 g Rinderhackfleisch
- 1 Brötchen (hart)
- 1 Ei
- 1 kleine Zwiebel würfeln
- 2 EL gehobelte Petersilie
- 2 gehackte Knoblauchzehen
- 1 EL scharfer Senf
- 3 EL Olivenöl
- ½ TL Pfeffer
- 1 TL Salz
- 1 – 2 Prisen Muskat
- ½ TL Kreuzkümmel
- ½ TL Koriander

Zutaten für den Salat:

- 100 g Couscous
- 1 kleine Möhre
- 1 Tomate
- 1 Zwiebel
- 2 Zehen Knoblauch
- 1 kleine Salatgurke

- 1 Bund Petersilie

- 2 EL gehackte Minze

- 2 EL Sojasoße, 4 EL Zitronensaft

- 400 ml Wasser

- 4 EL Olivenöl

- 3 EL grüne Oliven, 3 EL schwarze Oliven

- 1 TL Salz, ½ TL Pfeffer

Zubereitung für das Hackfleisch: Brötchen in Wasser einweichen und auspressen. Petersilie fein hacken, Zwiebel schälen und fein würfeln. Den Knoblauch schälen und pressen.

Fleisch und alle Zutaten (nicht das Öl) miteinander in einer Schüssel mischen und zu einem Fleischteig verarbeiten. Mit den Gewürzen abschmecken und aus dem Fleischteig Hackfleischbällchen (Tennisballgröße) formen. Pfanne heiß werden lassen, Olivenöl dazu geben und bei mittlerer Hitze die Bällchen zirka 25 Minuten braten.

Zubereitung für den Salat: Das Wasser mit der Sojasoße und dem Zitronensaft mischen, über das Couscous gießen und quellen lassen. Der Zitronensaft macht den Couscous auch mit kaltem Wasser weich. Mit der Gabel auflockern, gegebenenfalls noch etwas Wasser zugeben.

Die Zwiebel, den Knoblauch, die Möhre und die Kräuter fein hacken und mit Olivenöl, Salz und Pfeffer in einer Schüssel mischen.

Die Tomate, die Gurke entkernen und klein würfeln, die Oliven grob hacken und in der Schüssel mischen. Anschließend den Couscous gleichmäßig unterheben.

Hackfleischsuppe mit Kichererbsen

Zutaten:

- 400 g Rinderhackfleisch
- 1 Dose Kichererbsen (zirka 480 g)
- 1 Zwiebel (hacken)
- 2 Tomaten
- 500 g Natur-Joghurt (2 – 4 EL aufheben)
- 750 ml Gemüsebrühe
- 1 EL Zitronensaft
- 1 EL Petersilie
- 1 TL Chiliflocken (getrocknet)
- 1 TL Paprikapulver (süß)
- 1 TL Kreuzkümmel
- ½ TL Salz
- 2 – 3 Prisen Pfeffer
- 2 EL Olivenöl

Zubereitung:

Das Hackfleisch und die Zwiebel in einer hohen Pfanne zirka 15 Minuten braten.

Paprikapulver und Kreuzkümmel kurz mitbraten und die abgetropften Kichererbsen dazugeben und mit der Gemüsebrühe aufgießen, aufkochen und die Tomatenwürfel zufügen.

Zirka 10 Minuten kochen und vom Herd nehmen. Mit Salz, Pfeffer (siehe Zutaten) und dem Zitronensaft würzen.

Das Ganze grob pürieren und auf den Tellern mit Petersilie und 2 – 4 EL Joghurt garnieren.

Hack-Ziegenkäse-Pastete

Zutaten:

- 200 g Ziegenkäse

- 200 g Rinderhackfleisch

- ½ Paket „Filoteig (zirka 500 g)

- 200 g Blattspinat (TK)

- 1 Zwiebel (gewürfelt)

- ½ Bund Petersilie

- 1 Ei

- 50 g Butter

- 2 EL Butter für die Form

- 50 ml Milch

- 1 TL Salz

- ½ TL Pfeffer

- 1 TL Paprikapulver

- 2 EL Olivenöl

Tipp:

Der Filoteig ist in guten türkischen Geschäften fertig erhältlich, kann aber notfalls auch durch drei Lagen Blätterteig ersetzt werden.

Zubereitung:

Das Hackfleisch mit Olivenöl anbraten.

Den Spinat auftauen, ausdrücken und grob hacken. Den Tofu in kleine Würfel schneiden und mit der Zwiebel, Spinat und Petersilie mischen. Mit Salz, Pfeffer und Paprika abschmecken.

Die Butter zart schmelzen. Das Ei mit der Milch mischen und die flüssige Butter unterrühren.

Den Filoteig in die einzelnen Blätter teilen. Eine gefettete Kastenform mit dem ersten Filo-Blatt auslegen, dabei den Teig über den Rand der Form hängen lassen.

Dieses mit einem Teil der Eier-Butter-Milch bestreichen. So lange mit dem Teig weiter verfahren, bis alle Blätter in der Form sind.

Nun die Spinat-Käse-Mischung mit dem Hackfleisch mischen und einfüllen. Die Füllung mit dem überhängenden Teig bedecken und mit der restlichen Eier-Butter-Milch bestreichen.

Die Form in den Backofen stellen und bei 200 Grad zirka 40 Minuten backen.

Hackfleischtopf mit Zimt

Zutaten:

- 300 g Rinder-Tatar
- 1 Aubergine
- 2 große Kartoffeln
- 2 Möhren
- 1 Tomate
- 1 Zwiebel
- 2 Knoblauchzehen
- 200 ml Gemüsebrühe
- 1 EL Tomatenmark
- ½ TL Kreuzkümmel
- ½ TL Zimt
- 1 TL Zucker
- 1 TL Salz
- ½ TL Pfeffer
- 2 EL Olivenöl

Zubereitung:

Knoblauch schälen, klein hacken, Tomate in feine Würfel schneiden.

Aubergine, Möhren (schälen) und Kartoffeln(schälen) waschen und grob würfeln. Zwiebeln und

Chilischote längs aufschneiden, Kerne und weiße Häutchen entfernen und in feine Streifen schneiden.

Hackfleisch in einer hohen Pfanne mit ein wenig Olivenöl kurz anbraten. Gewürfeltes Gemüse mit dem Chili hinzufügen und mit der Gemüsebrühe angießen und Tomatenmark unterrühren.

Zimt, Kreuzkümmel, Salz, Pfeffer und Zucker zugeben.

Bei geschlossenem Deckel und mittlerer Hitze zirka 45 Minuten schmoren lassen.

Orientalisches Hackfleisch
mit Bananen und Ananas

Zutaten:

- 500 g Rinderhackfleisch
- 250 g Basmati-Reis
- 2 Zwiebeln
- 2 Bananen
- 2 EL gehackte Mandeln
- 1 kleine Dose Ananas (gestückelt)
- 1 EL Tomatenmark
- 350 ml Fleischbrühe
- 250 ml flüssige Sahne
- 2 EL Rosinen (gewaschen)
- 1 TL Salz
- 2 TL Salz für das Reiswasser
- 1 EL Currypulver
- 3 Prisen Pfeffer
- 3 EL Olivenöl

Zubereitung:

Hackfleisch in einer heißen Pfanne mit dem Olivenöl so lange scharf an-braten, bis es etwas angebräunt ist (Zirka 10 Minuten).

Zwiebeln in kleine Würfel schneiden und zugeben.

Mit der Fleischbrühe ablöschen. Bananen in Scheiben schneiden dazu geben.

Die gehackten Mandeln, Tomatenmark, Rosinen dazu geben. Sahne, Ananas sowie Gewürze einrühren.

Auf kleiner Flamme zirka 30 Minuten köcheln lassen.

In der Zwischenzeit den Reis zirka 15 Minuten kochen.

Hackbraten mit Sherry

Zutaten:

- 500 g Rinder-Hackfleisch
- 6 – 8 getrocknete Aprikosen
- 1 große Zwiebel
- 3 Knoblauchzehen
- 4 EL Cashewnüsse
- 1 hartes Brötchen
- 2 Eier
- 4 EL Sherry
- ½ TL frischen Ingwer
- 2 EL Honig
- 2 kleine rote Chilischoten (fein gehackt)
- 2 – 3 Prisen Zimt
- 2 MSP Nelkenpulver
- 1 TL Salz
- ½ TL Pfeffer
- 2 – 3 EL Olivenöl zum Bestreichen
- 70 ml warmes Wasser
- Warmes Wasser zum Einweichen des Brötchens

Zubereitung:

Aprikosen in Spalten schneiden.

Den Sherry mit 70 ml warmem Wasser verrühren, Aprikosen darin marinieren. Brötchen in warmem Wasser einweichen.

Zwiebel schälen und in Würfel schneiden. Nüsse in einer Pfanne ohne Fett rösten, abkühlen lassen und fein hacken.

Brötchen ausdrücken, mit Chili, Zwiebel, Knoblauch, Aprikosenwürfeln, Nüssen und den Eiern unter das Hackfleisch kneten. Mit Zimt, Nelken, Ingwer, Salz und Pfeffer würzen.

Aus der Masse einen länglichen Laib formen, in einen geölten Bräter legen und mit dem Olivenöl einpinseln. Mit den Aprikosenspalten dekorativ belegen.

Im Backofen bei 180 Grad zirka 50 Minuten backen.

Den Braten dann mit Honig bepinseln.

Als Beilage eignet sich Couscous und Schafskäse.

Auberginen-Hackauflauf

Zutaten:

- 300 g Rinderhackfleisch
- 800 g Auberginen
- 3 kleine Zwiebeln
- 3 Knoblauchzehen
- 1 Dose Tomaten (zirka 750 g)
- 1 Dose Kichererbsen (zirka 450 g)
- 3 TL Gewürzmischung (Garam Masala)
- 1 TL Salz
- ½ TL Pfeffer
- ½ TL Cayennepfeffer
- 2 EL Zitronensaft
- 2 EL Olivenöl
- 2 EL Olivenöl
- 500 ml Naturjoghurt
- 1 TL Knoblauchpulver

Zubereitung:

Das Hackfleisch zirka 10 Minuten in der heißen Pfanne mit 2 EL Olivenöl stark anbraten.

Auberginen waschen, in große Würfel schneiden und zu dem Hackfleisch geben und weitere 10 Minuten mitanbraten.

Zwiebeln in Ringe schneiden und mit 2 EL Olivenöl in einer 2. Pfanne kurz anbraten und zu der 1. Pfanne dazu geben.

Knoblauch pressen und hinzu geben. Mit den Gewürzen und dem Zitronensaft würzen.

Kichererbsen gut abtropfen lassen, mit den Tomatenstücken und der Hackfleisch/Auberginenmasse gut vermischen.

Alles in eine Auflaufform füllen.

Im Backofen bei 175 Grad zirka 40 Minuten backen.

Knoblauchpulver und Joghurt vermischen.

Mit Fladenbrot und Knoblauchjoghurt servieren.

Reisauflauf mit Hack

Zutaten:

- 400 g Rinderhackfleisch
- 2 Beutel Reis
- 1 Zwiebel
- 2 Knoblauchzehen
- 1 Dose Tomatenstücke (zirka 650 g)
- 200 g geriebenen Käse
- 200 ml Weißwein
- 250 ml Sahne
- 2 EL Zitronensaft, 200 ml Gemüsebrühe
- 1 TL Salz, ½ TL Pfeffer
- 1 TL Paprikapulver
- ½ TL Thymian
- 1/3 TL Zimt
- 3 EL Olivenöl

Zubereitung:

Reis in Salzwasser fast gar kochen.

Knoblauch und Zwiebel hacken.

Hackfleisch im Öl anbraten, Knoblauch und Zwiebel zufügen.

Den Wein angießen und etwas einkochen lassen.

Tomaten zugeben und mit Zitronensaft, Salz, Pfeffer, Paprika, Thymian und Zimt würzen.

Den Reis mit der Hackfleischsoße und der Gemüsebrühe mischen und in eine Auflaufform füllen.

Mit Sahne übergießen und mit Käse bestreuen.

Die Auflaufform im Backofen bei 180 Grad zirka 50 Minuten backen.

Hackfleischbällchen auf Pastinakensalat

Zutaten für den Salat:

- 250 g Pastinaken
- 1 Eisbergsalat
- 4 EL Zitronensaft
- 2 EL Honig
- ½ TL Zimt
- ½ TL Paprikapulver (scharf)
- ½ TL Kurkuma
- 1 TL Currypulver
- ½ TL Schwarzkümmel
- ½ TL Salz
- 1 TL Zucker
- 2 Prisen Pfeffer
- 2 EL Olivenöl
- 1 EL Sonnenblumenöl

Zutaten für die Hackbällchen:

- 300 g Rinderhackfleisch
- 2 Knoblauchzehen
- 1 Zwiebel
- 1 kleine Möhre
- 1 TL Salz

- ½ TL Pfeffer

- 1 TL Currypulver

- 2 EL Olivenöl

Zubereitung für den Salat:

Eisbergsalat waschen und in Stücke rupfen. Auf 2 Tellern auslegen.

Pastinaken in Salzwasser bissfest garen, abgießen.

Inzwischen alle übrigen Zutaten gut verquirlen. Diese Marinade unter die noch warmen Pastinaken heben und zirka 1 ½ Stunden ziehen lassen.

Erst wenn die Hackbällchen fertig sind, werden die Pastinaken auf dem Salat verteilt.

Zubereitung für die Hackbällchen:

Möhre, Zwiebel und den Knoblauch sehr fein schneiden.

Hackfleisch, Möhre, Zwiebel, Knoblauch und die Gewürze mischen und kleine Bällchen formen.

Pfanne heiß werden lassen, dann das Öl dazu geben und die Hackbällchen zirka 20 Minuten durch garen.

Der Pastinaken-Salat wird auf den Tellern angerichtet und die Hackbällchen legt man auf den Salat.

Tomatensalat mit Hackfleischbällchen

Zutaten und Zubereitung für die Hackfleischbällchen

siehe Rezept auf Seite 30/31

Zutaten für den Tomatensalat:

- 3 große Fleischtomaten
- 1 Glas schwarze Oliven (entsteint)
- 1 Zwiebel
- ½ Bund Petersilie
- 250 g Natur-Joghurt
- 2 EL Sesam
- 1 TL Sambal Oelek (Chilipaste)
- 2 EL Zitronensaft
- 1 TL Zucker
- 1 – 2 Prisen Kreuzkümmel
- 1 TL Salz, ½ TL Pfeffer

Zubereitung:

Tomaten waschen, den Strunk entfernen und in nicht zu kleine Stücke schneiden.

Für den Dressing:

Den Zitronensaft mit dem Joghurt und den Gewürzen (ohne die Petersilie) verrühren.

Die Sesamsaat in einer Pfanne ohne Fett bei mittlerer Hitze einige Minuten goldbraun anrösten und zu der Joghurtmischung geben.

Die Tomaten mit dem Dressing und der gehackten Petersilie vorsichtig vermengen und auf zwei Tellern anrichten.

Darauf legen Sie die Hackfleischbällchen. Mit Fladenbrot servieren.

Orientalische Joghurt-Nudeln
mit Hackfleisch

Zutaten:

- 1 Packung Nudeln

- 400 g Rinderhackfleisch

- 1 Zwiebel

- 2 Knoblauchzehen

- 2 Zucchini

- 300 g Natur-Joghurt

- ½ Bund Petersilie

- ½ Bund Minze

- 100 ml Orangensaft

- 2 EL Zitronensaft

- 2 EL Tomatenmark

- 2 Prisen Kreuzkümmel

- ½ TL Currypulver

- ½ TL Paprikapulver (süß)

- 1 EL Salz für das Nudelwasser

- ½ TL Salz (für die Zucchini)

- ½ TL Pfeffer (für die Zucchini)

- ½ TL Salz (für den Joghurt)

- 1 Prise Pfeffer (für den Joghurt)

- 1 Prise Kreuzkümmel (für den Joghurt)
- 1 TL Salz
- ½ TL Pfeffer
- 4 EL Olivenöl
- Wasser zum Kochen der Nudeln

Zubereitung:

Nudeln nach Packungsanweisung kochen.

Zwiebel schälen und klein würfeln.

Zucchini längs halbieren, in mundgerechte Stücke schneiden.

Mit 2 EL Olivenöl zirka 4 Minuten scharf anbraten und mit Salz und Pfeffer würzen.

In einer Schüssel aufbewahren.

Knoblauch pressen. Eine sehr große hohe Pfanne heiß werden lassen, 2 EL Olivenöl hinzu geben und das Hackfleisch zirka 10 Minuten stark anbraten. Tomatenmark und den gepressten Knoblauch unterrühren, mit Salz, Pfeffer, Curry, Paprika und Kreuzkümmel würzen.

Zucchini und die abgetropften garen Nudeln zufügen und zirka 5 Minuten bei schwacher Hitze ziehen lassen.

Petersilie und Minze von den Stielen zupfen und unterheben.

Joghurt und Zitronen- Orangensaft verrühren und mit Salz, Pfeffer und Kreuzkümmel würzen.

Zum Schluss den Joghurt über die Hackfleischnudeln geben.

Kamel Hackfleischpfanne

Aus dem Buch: Low Carb Exotisch: ISBN-13: 9783981616545

© 2014 Jutta Schütz

Zutaten:

- 700 g Kamel Hackfleisch
- 4 EL Olivenöl
- 3 große Tomaten
- 2 Zwiebeln
- 200 ml Sahne
- 200 g Emmentaler Käse
- ½ TL Salz
- 2 – 3 Prisen Pfeffer
- 1 EL gemischte Kräuter

Zubereitung:

Olivenöl in die heiße Pfanne geben, das Hackfleisch dazu geben. Die Zwiebeln und die Tomaten grob würfeln, zum Fleisch geben und alles gut anbraten.

Die Fleischmasse in eine Auflaufform schütten, mit der Sahne benetzen.

Käse darüber streuen und im Backofen auf 200 Grad zirka 35 Minuten überbacken.

Dazu wird Low Carb Brot gereicht und Salate.

Okra mit Hackfleisch

Aus dem Buch: LOW CARB REZEPTE ISBN 978-3-7357-3751-9

Zutaten:

- 500 g Hackfleisch (wie gewohnt mit Gewürzen/Zwiebeln braten)

- 750 g Okra

- 2 Zwiebeln

- 2 Knoblauchzehen

- 2 Tomaten - fein hacken

- Etwas frischen Ingwer

- Je 2 TL Kreuzkümmel, Koriander, frische Kräuter

- Je ½ TL Fenchelsamen (gemahlen), Cayennepfeffer, Kurkuma

- 1 TL Salz

- 4 EL Öl

- 200 ml Fleischbrühe

Zubereitung:

In die heiße Pfanne etwas Öl hinein geben und eine Schicht Okra hinein geben.

3 – 4 Minuten von allen Seiten anbraten und aus der Pfanne nehmen. Schicht für Schicht braten. Die Okrascheiben auf einen Teller legen und warm halten.

Zwiebeln in die Pfanne geben, anbraten und den Knoblauch/Ingwer und Gewürze hinzu geben. Zum Schluss die Tomaten.

Die Fleischbrühe dazu geben und zirka 25 Minuten auf kleiner Flamme mit geschlossenem Deckel schmoren.

Die Okrascheiben auf dem Teller anrichten und das Hackfleisch dazu legen.

Man kann das Ganze auch in eine Auflauf-Form geben und mit Käse kurz im Backofen bei zirka 200 Grad – 20 Minuten überbacken.

Infos:

Vor über 3000 Jahren wurde das Gemüse „Okra" in Ostafrika kultiviert. Die Hauptanbaugebiete sind Kenia, Indien, Thailand, Süd-, Mittel- und Nordamerika, der Orient und auch die Mittelmeerländer. Wer Okras schon mal gegessen hat, beschreibt ihren Geschmack als mild und auch säuerlich-pikant. Manche sagen auch, Okras schmecken wie eine Mischung aus grünen Bohnen und Stachelbeeren.

Hackfleisch-Peperoni mit Reis

Zutaten:

- 500 g Hackfleisch
- 2 Beutel Reis
- 1 Zwiebel
- 1 Möhre
- 1 Knoblauchzehe
- 2 rote Peperoni
- 1 grüne Peperoni
- 1 Dose stückige Tomaten
- 4 EL Olivenöl
- 3 Prisen Zimt
- 2 Prisen Koriander
- 1 TL Paprikapulver (scharf)
- 1 TL Paprikapulver (süß)
- 1 TL Knoblauchsalz
- 1 – 2 Prisen Cayennepfeffer
- 1 EL Salz für das Reiswasser

Zubereitung:

Reis im Kochwasser zirka 15 Minuten (wie auf der Packung angegeben) gar kochen.

Zur Seite stellen und warm halten.

Zwiebel, Möhre und Knoblauchzehe schälen und fein hacken. Peperonis halbieren, entkernen und in Streifen schneiden.

Olivenöl in einer Pfanne erhitzen, Hackfleisch, Möhre, Zwiebel und Knoblauch mit anbraten und mit Zimt, Paprikapulver, Salz und Cayennepfeffer abschmecken.

Peperoni und Tomaten mit Flüssigkeit zufügen und bei schwacher Hitze zirka 30 Minuten köcheln lassen.

Feuriger Hackeintopf

- 500 g Rinderhackfleisch
- 1 kleine Möhre
- 1 Stange Lauch
- 1 Zwiebel
- 1 Knoblauchzehe
- 200 g Schmelzkäse
- 100 ml Fleischbrühe
- 2 EL flüssige Sahne
- 2 EL Schmand
- 3 EL Olivenöl
- 1 – 2 Spritzer Tabasco
- ½ TL Koriander
- ½ TL Kreuzkümmel
- 2 TL Paprikapulver (scharf)
- 1 TL Paprikapulver (süß)
- 1 – 2 TL Curry
- 1 – 2 Prisen Chilipulver

Zubereitung:

Möhre schälen und in feine Scheiben schneiden. Lauch waschen, putzen und in Ringe schneiden. Zwiebel und Knoblauchzehe schälen und fein hacken.

Olivenöl in einer Pfanne erhitzen und die Zwiebel und Knoblauch darin anschwitzen.

Hackfleisch zufügen und ringsherum anbraten.

Mit Fleischbrühe ablöschen und aufkochen lassen.

Möhrenscheiben, Lauch, Schmelzkäse, Sahne und Schmand zufügen, mit den Gewürzen abschmecken.

Alles bei schwacher Hitze zirka 20 - 25 Minuten köcheln lassen.

Dazu kann man Reis reichen.

Tabasco-Hack mit Zimtblüten

Zutaten:

- 500 g Rinderhackfleisch
- 2 Zwiebeln
- 2 rote Paprika
- 1 rote Chilischote
- 4 EL Schnittlauchröllchen
- 2 EL Tomatenmark
- 4 EL Crème fraîche
- 200 ml flüssige Sahne
- 4 – 5 Spritzer Tabasco
- ½ TL Koriander
- 3 Prisen Kurkuma
- ½ TL Zimtblüten
- 1 – 2 TL Paprikapulver (scharf)
- 4 EL Olivenöl

Zubereitung:

Zwiebeln schälen und fein hacken. Paprikas schälen, Kerngehäuse entfernen und in Streifen schneiden.

Chilischote waschen, längs aufschneiden, entkernen und in kleine Würfel schneiden.

Olivenöl in einer Pfanne erhitzen.

Hackfleisch, Zwiebel, Paprikas Chilischote und Tomatenmark, Gewürze zufügen und anbraten.

Mit Sahne ablöschen und bei schwacher Hitze zirka 30 Minuten köcheln lassen.

Pfanne von der Kochstelle nehmen.

Crème fraîche zufügen, alles mit Tabasco abschmecken und etwas ziehen lassen.

Mit Schnittlauchröllchen bestreut servieren.

Pikante Hackpfanne mit Zimt

Zutaten:

- 500 g Rinderhackfleisch
- 1 Stange Lauch
- 1 Zwiebel
- 250 g weiße Champignons
- 3 – 4 EL Butter
- 6 EL flüssige Sahne
- 2 – 3 Spritzer Sambal Oelek
- ½ TL Chiliflocken
- 2 Prisen Zimt
- 3 Prisen Muskatnuss
- 4 Prisen Koriander
- 1 TL Salz
- 2 – 3 Prisen Pfeffer

Zubereitung:

Lauch und Zwiebel waschen, putzen und in Ringe schneiden.

Champignons putzen und in Scheiben schneiden.

Butter in einer Pfanne erhitzen und das Gemüse darin anbraten.

Das Hackfleisch zufügen und zirka 5 Minuten kurz mitbraten.

Mit Sahne ablöschen und bei geschlossenem Deckel zirka 15 – 20 Minuten andünsten.

Kurz vor Ende der Garzeit mit den Chiliflocken und Gewürze abschmecken.

Känguru-Hackfleisch mit Lauch

Zutaten:

- 500 g Känguru-Hackfleisch
- 2 Stangen Lauch
- 2 rote Chilischoten
- 1 Knoblauchzehe
- 3 EL stückige Tomaten
- 200 ml Fleischbrühe
- 4 EL Tomatenmark
- 1 TL Sambal Oelek
- ½ TL Sternanis
- ½ TL Koriander
- ½ TL Persisches Blausalz
- 1 – 2 Prisen Cayennepfeffer

Zubereitung:

Lauch waschen, putzen und in Ringe schneiden.

Chilischote waschen, längs aufschneiden, entkernen und in Würfel schneiden.

Knoblauchzehe schälen und fein hacken.

Fleisch und Tomatenmark ohne Zugabe von Fett in einem heißen Topf krümelig anbraten.

Lauch, Chili, Knoblauch, Tomaten und Fleischbrühe zufügen.

Aufkochen lassen und mit geschlossenem Deckel auf kleiner Hitze zirka 30 – 35 Minuten köcheln lassen.

Vor dem Servieren mit Sambal Oelek und den Gewürzen abschmecken.

Honig-Zauber mit Hackfleisch

Zutaten:

- 500 g Rinderhackfleisch
- 1 Stange Lauch
- 1 Knoblauchzehe
- 1 Dose Mais
- 300 ml frischer Orangensaft
- 3 EL Zitronensaft
- 6 EL flüssiger Honig
- 3 EL Olivenöl
- 1 EL Butter
- ½ TL Zimtblüten
- 3 Prisen Piment
- ½ TL Thymian
- ½ TL Salz
- 2 – 3 Prisen Pfeffer

Zubereitung:

Eine große Pfanne heiß werden lassen und das Olivenöl und Hackfleisch hinzu geben. Zirka 20 Minuten gar braten.

Hackfleisch zur Seite stellen.

Lauch schälen und in feine Streifen schneiden. Knoblauch schälen und zerdrücken.

Mais in einem Sieb abtropfen lassen.

Olivenöl und Butter in einer Pfanne erhitzen.

Gemüse zufügen und darin dünsten, bis es weich ist.

Orangensaft, Zitronensaft, Honig, Knoblauch und mit den restlichen Gewürzen mischen.

Gemüse und Hackfleisch in eine gefettete Auflaufform schichten.

Im vorgeheizten Backofen bei 200 Grad zirka 25 Minuten backen.

Buchtipp: Mein Freund Ben

ISBN-13: 978-3735-7911-0-8

Autorin: Katja Driemel

Verlag: Books on Demand

Der Autorin Katja Driemel ist es gelungen, ein kleines Büchlein über eine wundervolle Tierfreundschaft zu schreiben. Die Geschichte ist herzrührend und außergewöhnlich. Machen Sie sich selbst ein Bild von dieser schönen Geschichte „Mein Freund Ben" und einer wunderbaren Autorin „Katja Driemel", die mit ihrem Erstlingswerk eine Brücke zwischen Menschen und Tieren bauen möchte.

Was gibt es Größeres, als Gefühle nicht nur zu beschreiben, sondern beim Leser zu erzeugen? Und das gelingt der Autorin sehr gut. Mit natürlichen Dialogen, liebevollen Beschreibungen der Protagonisten, schafft es Katja Driemel, dem Leser die Seele einzubalsamieren. Manchmal haben Engel keine Flügel. Sie sind pelzig, kuschelig und verdammt real.

Buchbeschreibung: Manchmal haben Engel keine Flügel. Sie sind pelzig, kuschelig und verdammt real. Sie nehmen an deinem Leben teil ohne das du dir bewusst bist wer sie sind und was sie wollen. Oft bemerken wir gar nicht dass es ein Engel ist. Wir werden uns erst später bewusst, wie sie dein Leben beeinflusst und um vieles bereichert haben. Genauso ist es mir passiert, und davon handelt dieses Buch. Dies ist meine ganz persönliche Geschichte mit meinem vierbeinigen Engel.

Buchtipp: S E XUALITÄT:
Positive Tipps bei chronischer Erkrankung

ISBN: ISBN: 9783735793997

Autorin: Heike Führ - Verlag: Books on Demand GmbH, Norderstedt

Ein neues Buch der Bestsellerautorin „Heike Führ" ging in Druck!
Intimität ist mehr als Sex – aus diesem Grund hat sich Heike Führ darüber Gedanken gemacht und diese in einem Buche untergebracht…
Kaum ein Gebiet ist so intim, Scham –und Angstbesetzt, wie die eigene und die Paar-Sexualität. Und kaum etwas anderes in einer Beziehung macht uns so verletzlich. Dabei ist Sexualität eine wundervolle Möglichkeit, Nähe zum geliebten Partner herzustellen und zu halten, oder in schwierigen Lebensphasen nicht den „Kontakt" zueinander zu verlieren. Aber besonders wenn ein Paar mit der Diagnose einer chronischen Erkrankung, wie z. B. MS, konfrontiert wird, versteht man, wie wichtig es ist, sich gegenseitig zu begreifen.
Hier hilft die Autorin mit Ratschlägen, die sie auf Grund vieler Recherchen und Interviews mit an „Multipler Sklerose" - Erkrankten führte. Aber auch für Singles hält die Autorin Vorschläge bereit! Alltagsnah und somit sowohl für „Gesunde" als auch für chronisch Kranke, ist dieses Buch ein Begleiter in Sachen Sexualität.
Behutsam wird der Fokus auf das gegenseitige Verstehen und Vertrauen gelenkt und zeigt Gesprächs-Formen auf. Ein kurzweiliger und lebensnaher kleiner Ratgeber, der in keinem Haushalt fehlen sollte.

http://multiple-arts.com/
http://heikef.jimdo.com/buch-tipps/

Buchtipp: Low Carb: Für Berufstätige, für unterwegs oder für ein Picknick

ISBN-13: 978-3732-2432-8-0

Autorin Jutta Schütz - Verlag: Books on Demand

Mit 42 Rezepten in diesem Buch zeigt die Bestseller-Autorin Jutta Schütz, dass man eine gesunde Ernährung im Beruf, Familie und Freizeit doch sehr gut unter einen Hut bringen kann. Ein kluges Zeitmanagement und die richtige Lebensmittelauswahl machen es möglich, in einer Low Carb Ernährung für Berufstätige und zuhause ruckzuck schmackhafte Mahlzeiten zuzubereiten. Ernährungsbewusste Arbeitnehmer kennen keine Leistungstiefs, sie halten sich fit mit der Low Carb Ernährung. Selbst kochen und Zeit sparen erfordert eine gute Planung. Die dreifache Menge an einem Tag gekocht, ergibt eine Mahlzeit für den nächsten Abend, für die Arbeit und zum Einfrieren. Selbst kochen muss nicht kompliziert sein. Mit den richtigen Rezepten macht das Kochen Spaß und in diesem Koch/Back-Buch kommen auch Vegetarier nicht zu kurz. Eine Kohlenhydratarme Ernährung bedeutet nicht auf Kohlenhydrate völlig zu verzichten. Diese Ernährung steht für eine verminderte Aufnahme von Kohlenhydraten. Die Befürchtung bei der Ernährungsumstellung eine Mangelerscheinung zu bekommen, kann widerlegt werden.

www.jutta-schuetz-autorin.de/

Buchtipp: Low Carb Buch

ISBN: 978-3-9450-1509-4

Low Carb Spezial: Theorie und Praxis für Anfänger geeignet

Autorin: Jutta Schütz

Verlag: A.S. Rosengarten-Verlag

Sprache: Deutsch - 188 Seiten - 14,80 Euro

Buchbeschreibung: Am Anfang einer jeden Ernährungsumstellung ist es nicht einfach zu wissen, was man essen darf und wie eine Umstellung auf eine "Low Carb Ernährung" überhaupt umzusetzen ist. Sie sollte gut durchdacht sein, um wirklich zum Ziel zu kommen und dem Lifestyle, den Gewohnheiten und individuellen Präferenzen zu entsprechen. Fragen über Fragen, deren Antworten man im Internet schwer in kompakter Form finden kann. Lesen Sie in diesem Buch alles, was Sie über die Low Carb Ernährung wissen müssen. Im Anschluss der Theorie hat die Bestsellerautorin "Jutta Schütz" 200 abwechslungsreiche Low Carb Rezepte zusammengestellt. Egal, ob Fisch, Fleisch, Salat, Frühstücksideen, Brot, Kuchen oder Vegetarisches in der Low Carb Variante - hier werden Sie fündig.

Große Buchreihe "SCHEHERAZADE"
Rezepte aus 1001 Nacht

Ein Autorenkreis widmet sich der orientalischen Kochkunst.

Eine fortlaufende Kochbuchserie mit dem Haupttitel „Scheherazade" - ein Hauch von 1001 Nacht - ist angelaufen. Viele verschiedene Autoren beteiligen sich nacheinander an diesem Großprojekt, die auf einer Idee von der bekannten Autorin Jutta Schütz basiert. In der Einleitung erzählt die Autorin Schütz (in jedem Buch zu finden) kurz die Geschichte von Scheherazade. Sie basiert auf einer alten persischen Märchensammlung mit dem Namen Hezâr Afsâna, Tausend Mythen. Anschließend kommen die Rezepte des Autors.

Jutta Schütz - ISBN: 978-3-735737519
http://www.jutta-schuetz-autorin.de/

Heike Führ - ISBN-978-3-735757340
http://multiple-arts.com/

Weitere Titel „in dieser Reihe demnächst bei BoD - Verlag: Books on Demand GmbH, Norderstedt

Beschreibung: siehe Webseite: http://www.jutta-schuetz-autorin.de/